찰나의 순간
고 양 이

찰나의 순간 CAT

지은이 또 하나의 가족
펴낸이 임상진
펴낸곳 도서출판 넥서스

초판 1쇄 인쇄 2017년 1월 25일
초판 1쇄 발행 2017년 2월 5일

출판신고 제406-251002011000302호
10880 경기도 파주시 지목로 5
Tel (02)330-5500 Fax (02)330-5555

ISBN 978-89-98454-63-0   13890

www.nexusbook.com

LOVE YOU CAT

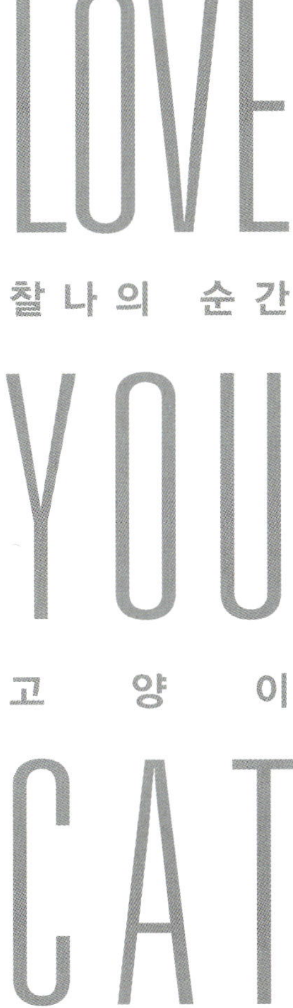

찰나의 순간

고양이

넥서스

가족이 생겼어요!

너무 작아서 만지기도 조심스러웠던 아기 고양이 시절,
우리 집에 처음 왔던 날, 처음 맞는 생일…
낯설어서 식탁 밑에 숨었던 아이가
가족이 되어가는 과정을 남겨 봐요.

고양이가 있는 우리집 풍경

배 위에서 자는 편안한 표정,
사람처럼 함께 누워 TV 보는 모습,
누가 더 즐거운지 모를 캣플레이타임,
소소한 일상도 남겨 두면 소중한 추억이 될 거예요.

고마워, 사랑해

우리가 함께한 시간을 영원히 기억할 수 있는
감성 앨범&라이팅북이에요.
소소한 일상, 소중한 기억, 특별한 순간을
고양이를 비롯한 가족과 함께 나눠 봐요.

나누고 싶은 《찰나의 순간》

사랑하는 고양이를 위한 선물
고양이와 가족의 모습이 담긴 사진을 붙이고 꾹꾹 눌러 쓴
손글씨로 채운 《찰나의 순간》으로 사랑을 남겨요.

고양이 집사를 위한 선물
고양이를 키우는 가족이나 친구에게 특별한 선물을 하고 싶다
면 핸드메이드 감성 앨범&라이팅북 《찰나의 순간》을 선물해
보세요.

How to use 1

이 책은 사랑스러운 고양이와 함께하는 소소한 일상부터 기념일,
여행 등 행복한 순간을 사진과 손글씨로 기록할 수 있는 포토 앨범&감성 라이팅북이에요.

1 포토 타이틀

사진 제목이에요. '골골송', '꾹꾹이' 등
고양이와의 소소한 일상을 적었어요. 제목을
읽고 생각나는 사진을 자유롭게 붙여 보세요.

2 메시지

고양이에게 자주 하는 말들,
꼭 해 주고픈 말들,
고양이의 일상을 글로 적었어요.

3 포토 프레임

사진을 붙일 수 있는 공간이에요.

4 예쁜 사진

고양이 친구들의 사진을 담았어요.
사진과 어울리는 사진을 붙여도 좋고,
사진처럼 우리 고양이와 사진을 찍어도 예뻐요.

1 행복한 질문

우리 고양이에게 편지를 써 봐요.
한 번쯤 떠올려 보면 행복해질
질문들을 담았어요.

2 프리 노트

질문을 읽고 생각나는 글을 써도 좋고,
그림을 그리거나 사진을 붙여도 좋아요.

3 날짜, 나이

프리 노트를 쓴 날짜와
우리 고양이가 몇 살 때 모습, 이야기인지
기록해 봐요.

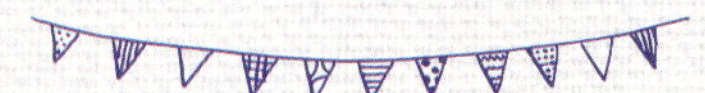

How to use 2

우리 고양이의 귀엽고 예쁜 모습, 말썽을 부리고도 천진한 표정, 유유자적 고양이와 함께한 편안한 휴식 시간…
사랑하는 고양이를 생각하며 한 장 한 장 사진을 골라 예쁘게 붙여 보세요.
사진을 붙일 때는 풀보다 양면테이프를 사용해야 들뜨지 않아요.

포토 이미지가 마음에 들지 않으면
우리 고양이 사진으로 가리면 돼요.

크기에 딱 맞지 않아도 돼요. 페이지 가득 붙이거나
비뚤게, 위아래로, 혹은 작게 붙여도
흑백사진이 예쁜 배경이 되어서 좋아요.

고양이와 함께 찍은
행복한 사진을 붙여 봐요.

사각사각 손글씨도 쓸 수 있어요.
소중한 추억을 기록해 봐요.

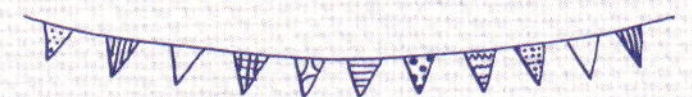

How to use 3

이 책에는 절취선을 따라 뜯어서 사용할 수 있는 성장 엽서와 포토 키트도 담았어요. 엽서와 키트를 먼저 뜯어 낸 후 사진을 붙여요. 엽서에는 우리 고양이의 기억하고 싶은 순간을 글이나 사진으로 기록해요. 포토 키트는 셀프 촬영할 때 좋은 소품이 될 수 있는 그림 카드예요. 생일 파티나 특별한 날에 갈런드(garland)처럼 사용할 수도 있어요.

엽서 뒷면에 기억하고 싶은 순간을 적어 봐요.
편지를 써서 선물해도 좋아요.

성장 엽서를 책상이나 냉장고에 붙여 두거나
액자에 끼워 두면 멋진 인테리어 소품이 돼요.

'50일', '생일' 등 특별한 날, 셀프 촬영을 할 때 사용하는
포토 키트예요. 고양이 옆에 두거나 벽에 붙여 촬영해 봐요.

자는 모습, 목욕 등 일상을 사진으로 남길 때 쓰는
포토 키트도 있어요. 재미있게 연출해 봐요.

• 우리 고양이를 위해 세상 단 하나뿐인 포토 앨범&감성 라이팅북을 만들어 보세요 •

보고 또 보고 싶은 우리 고양이의 찰나의 순간, 카메라와 휴대폰 메모리에 쌓아만 두지 말고
《찰나의 순간》에 남겨 보세요. 사진을 찍고, 고르고, 붙이고, 글을 쓰면서 소중한 추억을 되새길 수 있을 거예요.
완성된 앨범은 가족끼리 두고두고 펼쳐 볼 추억이, 우리 고양이에게는 사랑이 담뿍 담긴 가족의 징표가 될 거예요.

조그만 털 뭉치 같은 널 처음 품었을 때
작은 몸에서 느껴지는 따뜻함, 살결에 닿는 심장 박동과 숨결,
희미하게 들리는 골골송, 말랑말랑 젤리 같은 발바닥.
여기에 매료되지 않을 사람이 있을까.

You make me feel happy

You're my superhero!

배트맨? 슈퍼맨? 아이언맨?
이제 슈퍼히어로로 따윈 부럽지 않을 거야.
무한대의 힘을 주는 냥이가 네 인생에 들어왔으니까.

Thank you for trusting me!

나를 믿어 주는 너, 고마워!

Now that I believe in you

네가 나를 믿는 만큼
이제 나도 너를 믿어 보려고.

Beautiful Moments

우리가 가족이 된 날

Always You

_______, 늘 지금처럼 행복하자

찰나의 순간 고양이

찰나의 순간 고양이

You're My Star

아프지 말기, 항상 건강하기

Stay with Me

쓰담쓰담, 내 옆에 있어 줘서 고마워

참 나의 순간 고양이

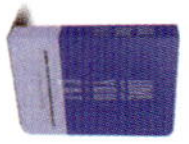
참 나의 순간 고양이

When you PURR, I feel happy

고롱고롱 고로롱 고롱고롱 고로롱
너의 골골송에 어느새 나도 편안함을 느껴.

Mommy, Mommy
I want some milk

꾹꾹~솜방망이라 그런가?
쭈쭈가 안 나오네.
그래도 어쩐지 마음은 편안해져.
꾹꾹~ 너도 그렇다고?

Meow, Meow, Genius Baby!

야옹~밥 달라고?
야옹~같이 놀자고?
야옹~그래! 놀자~ 우리 천재냥 님,
이제 대답도 잘하네~

Can you play with me?

지금 네가 나랑 놀아 주는 거야?
이상하네~ 왜 나는 힘들고
네가 더 즐거워하는 것 같지?

Go on a Trip

너와 함께 가고 싶은 여행지

Looks Like Us

콕, 찍어 낸 붕어빵처럼 닮았다고 느낀 순간

 찰나의 순간 고양이

 찰나의 순간 고양이

Walking Routes

너랑 나랑 함께한 발, 두 발
우리의 산책 코스

Love Song

랄라♪ 나와 함께 듣고 싶은 노래,
싱♪ 너에게 불러주고픈 노래

찰나의 순간 고양이

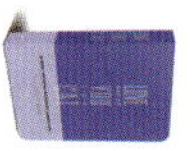

찰나의 순간 고양이

We finally became friends

할짝할짝 까슬까슬한 혀로
사랑스럽게 나를 핥아 주는 너.
드디어 나를 친구로 생각하는구나!

I love warm laptop computer!

따시다, 따셔.
역시 겨울에는 노트북 온돌이 최고야~
체형에 맞게 쏙쏙 들어가 주니
포켓 스프링 부럽지 않아.

Every night,
you catch
a ghost mouse

뭘 본 거야?
이리저리 정신없이 뛰어다니는 통에
깜짝 놀랐잖아～
매일 밤 투명 쥐를 잡는 너.

Stop!
Just stay there

거기 서, 이 꼬랑지야! 거기 가만히 있어 보라고!
어쭈~ 때렸어?
잡았다! 요놈! 잘근잘근 씹어 줄 테다!
근데, 왜 내가 아프지?

A story for you

너에게 들려주고 싶은 이야기

Oh, Happy Day

너와 나누고 싶은 행복

참 나의 순간 고양이

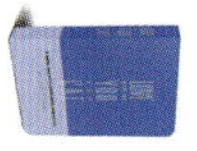
참 나의 순간 고양이

I love you, too

I love you

You always give me right answers

언제부터인가 나도 모르게
내 고민을 너에게 이야기하고 있어.
항상 위로와 정답을 주는 똑똑박사.

Yes, I'm gonna write a poem today!

영감이 떠올랐어.
그래, 오늘은 시를 써 보는 거야.

I feel sleepy
It's Really warm

따뜻하니? 나도 따뜻하다.
네가 느끼는 따스함이 내게도 느껴져.

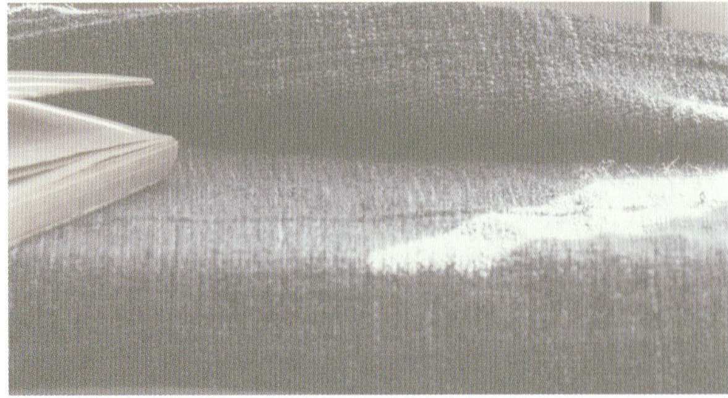

I do not love You as much as You love me

사랑해. 사랑해.
내가 나를 사랑하는 만큼은 아니지만.

It's time for the bath

아가야 목욕할 시간이야~
정말 개운하고 기분 좋아질 거야.

100th
DAYS

CELEBRATE
50th
days

CELEBRATE
1 year
ANNIVERSARY

HAPPIEST OF
200th
days

Why are you bothering me?

이봐, 날 죽일 셈이야?

You are my family, Kitty!

예쁜 짓을 할 때만 예뻐하는 건 남도 할 수 있는 일이지.
사랑해~ 네가 말썽을 부릴 때도. 우린 가족이니까.

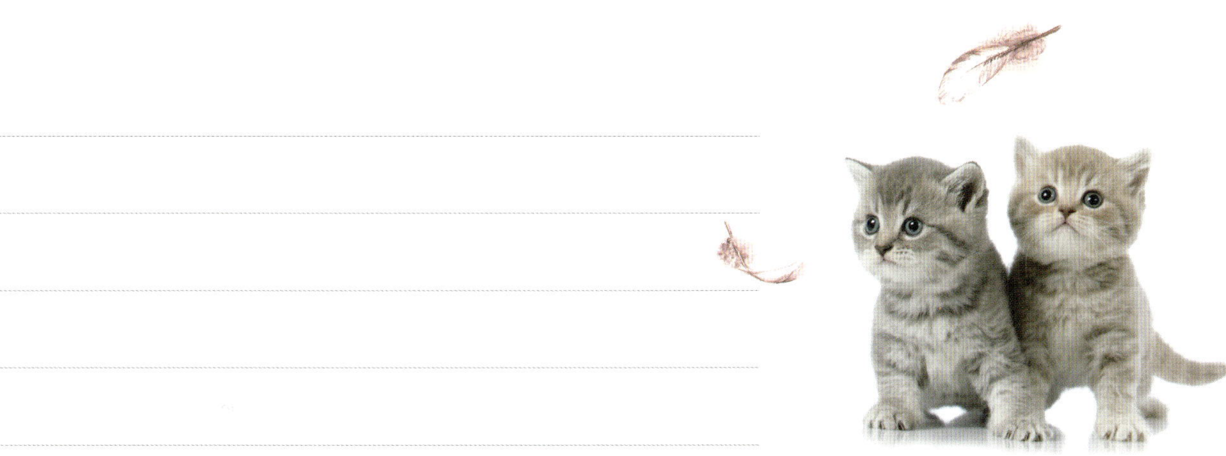

Hey, Naughty Boy!

웃차~ 이건 이렇게 넘어뜨리며 놀라고 여기 둔 거지?

Every day
with you is a gift

일상이 힘겨워서 어쩔 땐 지옥 같은 날일 때도 있어.
그렇지만 네가 있는 공간으로 들어오는 순간,
그곳은 다른 세상처럼 평온하게 느껴져.
너와 함께하는 매일이 선물이야.

Thank you!

HAPPY
BIRTHDAY
to you!
FROM ALL OF US

Happy Day

SO HAPPY
Together

How to get out of a miserable life···
music, me, and YOU!

비참한 삶에서 벗어날 수 있는 방법은
두 가지가 있지.
그것은 음악, 그리고 나.
고양이.

I'm so worried about you

나는 친구도 있고
가족도 있고 형제도 있는데
내가 없는 시간, 홀로 있을 네가 너무 걱정돼.

You are sooooo cute!

고양이가 좀 매력적이지.
그래, 자꾸자꾸 더 많이 기르고 싶어질 거야.

I'm so sorry
to close the door

외출할 때면 문 앞에 있는 너를 두고
문을 닫기가 너무 미안해.
돌아와도 그 자리에 있으면 정말…

oh baby

Hello

Lullaby

Bestfriends
FOREVER

You do not
have to be
so sorry

네가 외출하고 돌아왔을 때,
내가 문 앞에 있다고
하루 종일 너를 기다렸다고 생각하는 거야?
그냥 어쩌다 여기서 잠이 들었고,
문 여는 소리에 깼을 뿐이야.

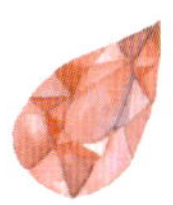

What about living in that house?

햇볕이 잘 들어오는 커다란 창문이 있는 집,
난방이 잘되어 네가 따뜻하게 지낼 수 있는 집,
야생의 본능을 맘껏 표출할 수 있을 만큼 넓은 집,
그런 집에 살게 해 주고 싶어.

This is for you!

취향 한번 참 독특한 우리 집사님~

새로 사온 구스 블랭킷 너 가져~

나는 너와 내 채취가 묻은 이 솜 베개가 제일 좋아.

뭉클했던 그때, 기억하고 싶은 너와의 첫 만남

Memory • Write, draw, and paste photos here

Date. 201 . . .

지금 너는

Happy
New
Year

We
wish
you a
Merry
Christmas

2

• Questions That Make Me Happy •

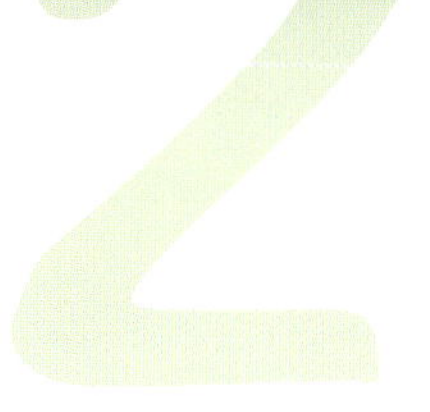

폴폴, 너를 생각하면 떠오르는 냄새

Memory • Write, draw, and paste photos here

Date. 201 . . .

지금 너는

• *Questions That Make Me Happy* •

폭신폭신, 너의 말랑 젤리를 보여 줘!

Memory • Write, draw, and paste photos here

Date. 201 .   .   .

지금 너는

얍! 너의 전용 포즈

Memory • Write, draw, and paste photos here

Date. 201 . . .

지금 너는

만약 네가 사람이었다면, 내가 고양이였다면

Memory • Write, draw, and paste photos here

Date. 201 . . .

지금 너는

뚜벅뚜벅, 우리의 단골 산책 코스

Memory • Write, draw, and paste photos here

Date. 201 . . .

지금 너는

심쿵, 기억하고 싶은 너의 행동

Memory • Write, draw, and paste photos here

Date. 201 . . .

지금 너는

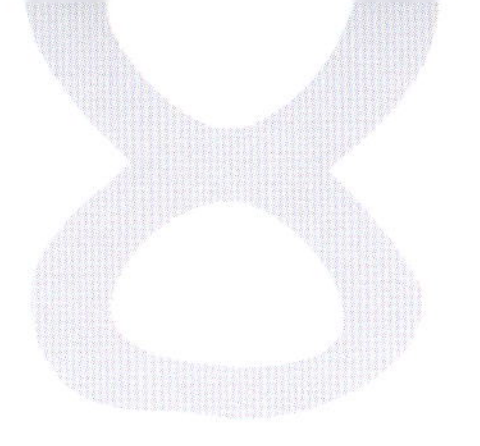

쓰담쓰담, 가족이 되어 줘서 고맙다고 느낀 순간

Memory • Write, draw, and paste photos here

Date. 201 . . .

지금 너는

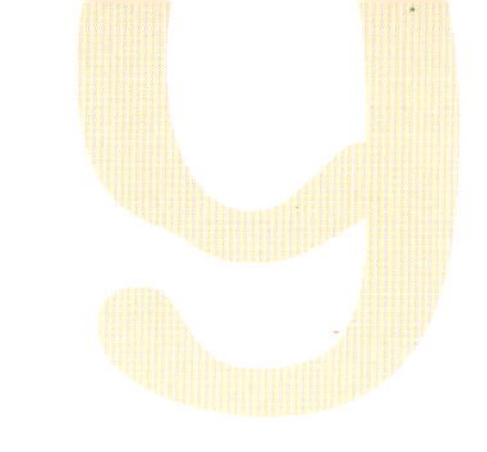

나를 설레게 했던 여행지, 너와 함께 다시 한 번

Memory • Write, draw, and paste photos here

Date. 201 ． ． ．

지금 너는

I love you

forever

Thanks for coming to me.

10

• Questions That Make Me Happy •

랄라♪ 너와 함께 듣고 싶은 노래

Memory • Write, draw, and paste photos here

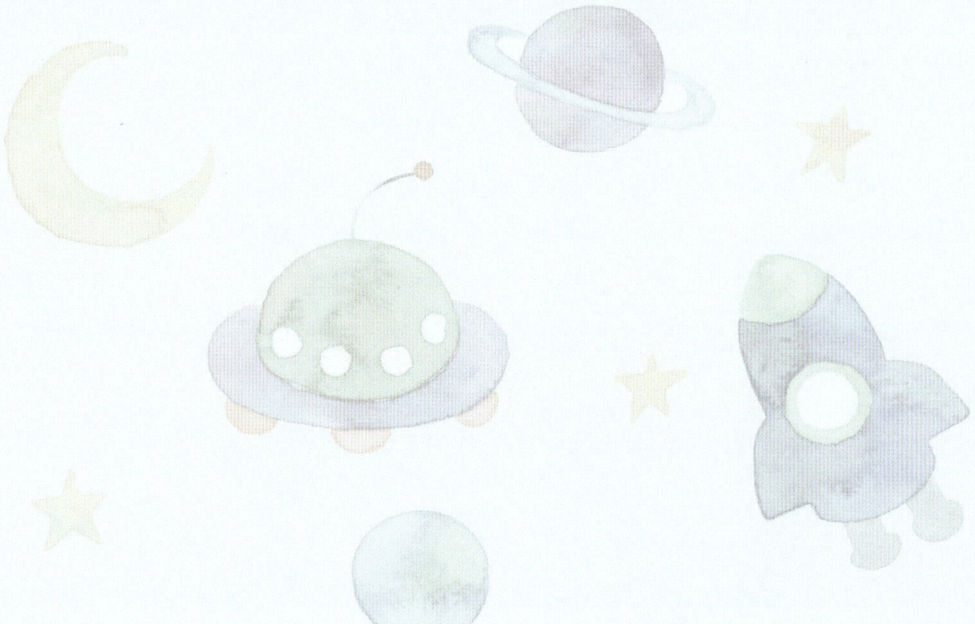

Date. 201 . . .

지금 너는

콕, 찍어 낸 붕어빵처럼 우리가 닮았다고 느낀 순간

Memory • Write, draw, and paste photos here

Date. 201 . . .

지금 너는

너와 함께하고 싶은 것들

Memory • Write, draw, and paste photos here

Date. 201 . . .

지금 너는

사랑하는 사람과 함께 만드는 감성 앨범&라이팅북

찰나의 순간 BABY
행복한 가족 지음

태교부터 육아까지 엄마가 사진과 손글씨로 기록하는 감성 앨범&라이팅북

우리 아가의 성장 스토리를 한 권의 성장 앨범&감성 라이팅북으로 만들어 보세요. 걸음마 하는 모습을 담은 사진, 월령별 우리 아가의 성장 발달 사항을 기록한 메모 등 예쁜 사진과 글을《찰나의 순간 BABY》에 남긴다면 우리 아가에게 행복한 선물이 될 거예요.

찰나의 순간 LOVE
보통의 우리 지음

첫 만남부터 프러포즈까지 사진과 손글씨로 기록하는 감성 앨범&라이팅북

사랑스러운 연인들의 소소한 일상부터 기념일, 여행 등 모든 순간을 커플 앨범&감성 라이팅북으로 만들어 보세요. 설레서 잠이 오지 않았던 기억, 서로 엇갈려 조바심 나던 시간 등《찰나의 순간 커플》과 함께 둘만의 소소한 이야기를 시작해 보세요.

찰나의 순간 DOG
또 하나의 가족 지음

사진과 손글씨로 기록하는 반려견 감성 앨범&라이팅북

항상 내 편이 되어 주는 또 다른 가족, 반려견의 성장 스토리를 한 권의 성장 앨범&감성 라이팅북으로 만들어 보세요. 함께라서 더 행복한 반려견의 일상을 담은 사진, 반려견에게 하고 싶은 이야기 등 입양에서 가족이 되기까지의 스토리를《찰나의 순간 DOG》에 남긴다면 사랑하는 반려견과의 특별한 추억이 될 거예요.

찰나의 순간 CAT
또 하나의 가족 지음

사진과 손글씨로 기록하는 반려묘 감성 앨범&라이팅북

항상 내 곁에서 나를 위로하는 또 다른 가족, 반려묘의 성장 스토리를 한 권의 성장 앨범&감성 라이팅북으로 만들어 보세요. 도도한 냥이의 일상을 담은 사진, 냥이에게 하고 싶은 말 등 입양에서 가족이 되기까지의 스토리를《찰나의 순간 CAT》에 남긴다면 사랑하는 반려묘와의 특별한 추억이 될 거예요.